에덴의 동쪽

East of Eden

에덴의 동쪽

2024년 8월 12일 초판 1쇄 인쇄
2024년 8월 20일 초판 1쇄 발행

지은이 | 이상옥
펴낸이 | 孫貞順

펴낸곳 | 도서출판 작가
(03756) 서울 서대문구 북아현로6길 50
전화 | 02)365-8111~2 팩스 | 02)365-8110
이메일 | cultura@cultura.co.kr
홈페이지 | www.cultura.co.kr
등록번호 | 제13-630호(2000. 2. 9.)

편집 | 손희 김치성 설재원
디자인 | 오경은 이동홍
마케팅 | 박영민
관리 | 이용승

ISBN 979-11-90566-92-6 03810

잘못된 책은 구입하신 서점에서 바꾸어 드립니다.

값 15,000원

한국디카시 대표시선

16

이상옥 디카시집

에덴의 동쪽

East of Eden

작가

■ 머리말

호모 스마트포니쿠스, 디지털 노마드, 디카시

    2021년 제3 디카시집 『고흐의 해바라기』를 출간하고 3년 만에 제4 디카시집 『에덴의 동쪽』을 출간한다. 이 디카시집은 디카시 발원 20주년을 기념하는 의미도 지닌다.

    2016년 창신대를 명예 퇴직하고 중국 정주경공업대학교로 자리를 옮긴 이후, 한국과 해외를 왔다 갔다 하며 디지털 노마드의 삶을 살고 있다. 제3 디카시집 『고흐의 해바라기』를 출간하고 나서 코로나 팬데믹 속에서도 2022년 1월 27일 메콩대학교의 초청을 받아 베트남으로 들어가서 1년 이상 체류하며 학생들을 가르치고 주말마다 베트남 곳곳을 여행했다.

    2023년 4월 말에 한국으로 다시 들어와 창신대 문덕수문학관 확장 이전 프로젝트를 수행하는데 집중했다. 문덕수문학관 개관 23주년을 맞아 2023년 10월 창신대 도서관 2-4층으로 확장 이전해 재개관하고 2024년에는 경상남도에 사립문학관으로 등록하였으며, 한국문학관협회 가입도 완료했다.

한국에 들어온 이후에도 시간 날 때마다 베트남에 가서 1주일 정도씩 체류하며 메콩대학교 학생들도 만난다. 2022년 이후 한국과 베트남을 오가며 더욱 디지털 노마드로서의 생을 영위하고 있다. 이번 디카시집은 제1부와 2부로 구성돼 있는데, 1부는 한국에서, 2부는 베트남에서 각각 호모 스마트포니쿠스로서 포착한 디카시다.

디지털 노마드의 삶은 끊임없이 변화하는 환경에서 다양한 문화적 경험을 향유하며 새로운 시선, 새로운 영감으로 디카시를 창작할 수 있게 한다.

디카시는 주지하듯 2004년 경남 고성을 중심으로 지역문예운동으로 시작됐다. 디카시는 디지털 환경 자체를 시 쓰기의 도구로 활용해서 스마트폰 내장 디카로 자연이나 사물에서 시적 형상(감흥)을 찍고 그 느낌이 날아가기 전에 5행 이내로 짧게 언술해서 영상기호와 문자기호를 하나의 텍스트로 소셜 미디어를 활용 실시간 쌍방향 소통하는 순간포착, 순간언술, 순간소통의 극순간멀티언예술이다.

디카시는 디지털 시대의 산물이다. 2004년 저커버그가 페이스북을 창업할 때 나는 디카시라는 신조어를 만들어 새로운 시를 실험했다. 당시 문창과 교수로서 미디어의 진화에 따라 시는 어떻게 대응할 것인가에 대한 응전이었다. 2007년 정기

간행물로 반년간 《디카시》 창간호를 낼 때 스티브 잡스는 아이폰을 출시했다. 디카시는 저커버그와 스티브 잡스에 의해서 구축된 디지털 플랫폼을 타고 극순간 멀티언어예술로서의 날개를 달 수 있었다.

마셜 맥루언은 미디어는 곧 인간의 확장이라고 말했다. 그동안 문명의 이기들은 인간을 확장시켜 왔지만 손안의 컴퓨터인 스마트폰만큼 인간을 더 많이 확장시킨 것이 있을까. 스마트폰은 외장형 뇌일 수도 있고 눈일 수도 또 다른 무엇일 수도 있다.

초강력 엔진인 스마트폰을 장착한 디지털 시대의 새로운 확장된 신체의 인간형이 '호모 스마트포니쿠스'이다. 나도 스마트폰으로 표상되는 디지털 기기를 이용해서 확장된 신체를 지닌 인간으로 살아가고 있다. 최근 AI 챗GPT도 이용한다. 아직시 창작에는 활용하지 않지만 챗GPT나 구글 번역기 등을 적극적으로 활용해서 언어의 장벽도 넘어선다. 챗GPT가 "호모 스마트포니쿠스가 사용하는 스마트폰은 정보 접근성 향상, 실시간 커뮤니케이션, 다양한 앱을 통한 편의성 증대 등 인간 능력의 다양한 확장을 가져왔어요."라고 말하듯, 인간 능력의 확장성 면에서도 스마트폰 이전의 인간과 이후의 인간은 다른 인간이 맞다. '호모 스마트포니쿠스'로서의 의사소통과 인식의 변화는 물론이고 인지능력과 경험도 확장성을 가져온 게 사실이다.

이번 제4 디카시집은, 디카시가 본격문학이면서도 남녀노소 향유하는 프로슈머들의 생활문학으로서 미국·중국·캐나다·영국·독일·인도네시아·인도·베트남 등 해외에서 한글과 문화를 알리는 K-리터러처 글로벌 문화콘텐츠로도 활용되고 있는 점을 고려하여 구글번역기와 챗GPT를 이용해서 직접 영어 번역을 해서 병기했다. 구글번역기와 챗GPT는 텍스트를 입력하면 즉각적으로 번역을 해주었지만 그것은 내 의도를 제대로 드러내 주지 못하는 경우가 대부분이었다. 그럴 때마다 내가 오케이 할 때까지 계속 검색어를 바꾸어 가며 입력하는 방식으로 진행했다. 구글번역기와 챗GPT를 이용하는 번역 작업도 단순 기계 작업이라기보다는 하나의 새로운 창작 행위였다.

고향집에 기식하는 길고양이들을 대상으로 철학적 사유의 연작 디카시를 여러 편 쓴 것도 특기해 두고 싶다.

2004년 4월 2일 최초의 디카시「봄밤」을 창신대 연구실에서 쓰고, 그후 20년 만인 2024년 4월 2일 제4 디카시집『에덴의 동쪽』서문을 쓴다.

한국디카시연구소 별관 '시움'에서
이상옥

— 차례 —

머리말

제1부 호모 스마트포니쿠스, 한국
Homo Smartphonicus, Korea

달 *Moon* 16
꽃눈이에게 바치는 헌사 *Praise for Kkotnoon* 18
꽃눈 *Kkotnoon* 20
유구무언 *No Excuse to Offer* 22
나무의 묘비명 *The Tree's Epitaph* 24
꼬마 백열등 *Little Incandescent Light* 26
노천명의 데칼코마니 *Decalcomanie of Noh Cheonmyeong* 28
가을 초입 *Beginning of Fall* 30
화양연화 *The Most Beautiful Moment in Life* 32
황진이 혹은 *Hwang Jin-i Or* 34
도플갱어 *Doppelganger* 36
센텀 피노키오 *Centum Pinocchio* 38
'장미의 이름' by 에코 *'The Name of the Roses' by Eco* 40
어른을 위한 각서 *Memorandum for Adult* 42
뒤샹의 오브제 *Duchamp's Objet* 44

카뮈의 '시지프스의 신화' *Camus's 'The Myth of Sisyphus'* 46
들뢰즈의 '탈영토화' *Deleuze's 'Deterritorialization'* 48
고양이의 기도 *Cat's Prayer* 50
길고양이 기호학 *Semiotics of Stray Cat* 52
니체의 '영겁회귀' *Nietzsche' Eternal Return'* 54
다윈의 진화론 *Darwin's Evolution Theory* 56
단독자 *Der Einzelne* 58
반 고흐 '어머니의 초상' *Van Gogh 'Portrait of Mother'* 60
발터 벤야민의 아우라 *Walter Benjamin's Aura* 62
사르트르의 안티 길고양이 *Sartre's Anti-stray Cat* 64
샐러드 볼 이론 *Salad Bowl Theory* 66
이중섭 '1952 마사코' *Lee Jung-seop '1952 Masako'* 68
패역한 세대여 *Oh Rebellious Generation* 70
조병화 '의자' *Jo Byeong-hwa 'Chair'* 72
이방인 *Gentile* 74

제2부 호모 스마트포니쿠스, 베트남
Homo Smartphonicus, Vietnam

구룡대학교 연구실이 있는 풍경
    Scenery of Professor's Office in Cuu Long University 78
가족이라는 말 *The Word 'Family'* 80
칼뱅의 예정론 *Calvin's Doctrine of Predestination* 82
다시 아포리아 *Aporia Again* 84
두 사람에 관한 오마주 *Homage to Two People* 86
무릉도원도_ 메콩대 게스트룸 8호
    Utopian Painting_ Guest Room No. 8 in Mekong University 88
메콩델타 빈롱 *Mekong Delta Vinh Long* 90
미네르바의 부엉이 *Owl of Athena* 92
베트남 구룡대 게스트룸에서
    In the Guest Room of Cuu Long University in Vietnam 94
베트남 메콩대 신축강당에서
    At the New Auditorium of Mekong University in Vietnam 96
베트남 쌀국수 *Vietnamese Rice Noodles* 98
별유천지 *The Utopia* 100
별이 빛나는 밤 *The Starry Night* 102
빈 살만 황세자가 부러우랴
    Even Crown Prince Mohammed bin Salman might be envious 104
빈롱 'Cafe 1995' *Vinh Long 'Cafe 1995'* 106

빈롱의 석양 *Sunset in Vinh Long* 108
슬리핑 버스 FUTA 안에서 *Inside the Sleeping Bus FUTA* 110
쌍벽 *Two Towering Figures* 112
에덴의 동쪽 *East of Eden* 114
자전거가 있는 풍경 *Landscape with Bicycle* 116
쭉믕 *Congratulation* 118
참회록 *Confessions* 120
초현실주의 *Surrealism* 122
퍼포먼스 *Performance* 124
호찌민 상공에서 읽는 '건축학개론'
　　　Reading 'Architecture 101' Above Ho Chi Minh City 126
카뮈 혹은 뫼르소 *Camus or Meursault* 128
보들레르의 꽃 *Baudelaire's Flower* 130
위버멘쉬 *Ubermensch* 132
입체주의 *Cubism* 134
호찌민시립미술관에서 *At the Ho Chi Minh City Museum of Art* 136

해설 상호텍스트성 그리고 침묵의 미학_오민석 138

제1부
호모 스마트포니쿠스, 한국
Homo Smartphonicus, Korea

달
Moon

밤마다 둘은
동그랗게 빛난다

Every night two
Shine round

꽃눈이에게 바치는 헌사
Praise for Kkotnoon

사람이나 짐승이나

세상의 모든 어미는 성모 마리아

세상의 모든 아들은 성자이시다

Whether human or beast

The mother of all the world is the Virgin Mary

Every son in the world is a saint

꽃눈

Kkotnoon

예수는 몸을 굽혀

땅에 글을 쓰시고는

나를 바라보신다

Jesus bends down

Writes on the ground,

Then looks at me

유구무언
No Excuse to Offer

하루 종일 가을비는 퍼붓고

주인님은 서재서 돌부처로 앉아 계시고

Autumn rain pouring down all day,

The master sits in his study, stone-faced

나무의 묘비명
The Tree's Epitaph

바람과 구름과 태양과 달과 별

온 우주가

성자의 유골에 직접 새긴 상형문자

Wind, clouds, sun, moon and stars

The entire universe is

Hieroglyphs carved directly into the remains of a saint

꼬마 백열등
Little Incandescent Light

통영 벽방산 산행길

누가 저리 푸른 마음들 걸어 두었나

Tongyeong Byeokbangsan hiking trail

Who hung up such blue hearts?

노천명의 데칼코마니
Decalcomanie of Noh Cheonmyeong

아프리카 초원의

잃어버린 전설을 생각하는

사슴보다 더 슬픈 모가지여

Contemplating the lost legends

Of the African grasslands

A sadder neck than a deer

가을 초입
Beginning of Fall

한 우주가 저물 무렵

또 한 우주 붉게 피고

이국 하늘 기러기는 울어예고

When a universe comes to an end

Another universe blooms red

Geese in exotic skies cackling

화양연화
The Most Beautiful Moment in Life

아가를 품은 어미보다
더 큰 우주도 신도 없다

There is no universe or God
That is bigger than a mother carrying her child

황진이 혹은
Hwang Jin-i Or

다시 산사에 꽃 무릇 붉게 피었건만

당신은 미동도 않으시구려

Red spider lily blooms again red on the mountain temple

But you don't move at all

도플갱어
Doppelganger

문틈으로 촉수를 뻗치던 너

그 여름 오고 또 여름이 가고

You, reaching tentacles through the door crack

Summer comes and goes again

센텀 피노키오
Centum Pinocchio

코가 길어지고 짧아질 때마다
심장이 발딱거리는 나무토막

Every time the nose gets longer or shorter
The hearts of wooden chunks pounding

'장미의 이름' by 에코
'The Name of the Roses' by Eco

중세라는 장벽을 넘어
막 쏟아져 나오는 누우떼

Beyond the barriers of the Middle Ages
A wildebeest herd just pouring in

어른을 위한 각서
Memorandum for Adult

온몸이 갈라지고 부르튼
상처의 갑옷 한 벌 입고 서서

천년을 견뎌내는 것

Cracked and bruised all over
Standing in a suit of armor of wounds

Enduring a thousand years

뒤샹의 오브제
Duchamp's Objet

그는 고양이가 아니다

He is not a cat

카뮈의 '시지프스의 신화'
Camus's 'The Myth of Sisyphus'

존재의 심연을 함께 응시하며
서로의 경계를 누그러트린다

Staring together into the abyss of existence

Soften each other's boundaries

들뢰즈의 '탈영토화'
Deleuze's 'Deterritorialization'

지상에서 영원으로 몸을 던져

재코드화한 것일까? 그는

Throwing body from earth to eternity,

Has he been recoded?

고양이의 기도
Cat's Prayer

우주 끝에서도 빠르게 감지하는
아무 말도 못하는 부끄러운 몸

Swiftly sensing even at the edge of the universe,
About the shameful body that can't even say a word

길고양이 기호학
Semiotics of Stray Cat

소쉬르나 퍼스를 몰라도

서재 창가 의자에 올라앉아 나를 응시하는 포즈로

커뮤니케이션을 시도하는

Even if you don't know Saussure or Peirce

Sitting on the chair by the study window and gazing at me

Trying to communicate

니체의 '영겁회귀'
Nietzsche's 'Eternal Return'

나는 또 다른 너를 만나고

너는 또 다른 내가 된다

I meet another you

You become another me

다원의 진화론
Darwin's Evolution Theory

더 이상 쥐를 쫓지 않는

길고양이,

때론 전략적 포즈까지

A stray cat

that no longer chases mice,

Sometimes even strategic poses

단독자
Der Einzelne

절망을 통해서 실존을 자각하고
절대적 존재를 믿고 받아들인다

Realizing existence through despair,
Believe in and accept absolute existence

반 고흐 '어머니의 초상'
Van Gogh 'Portrait of Mother'

오누이 이상옥·이영옥을

떠받들며

항상 노심초사하셨다

The mother was very anxious, all the time

Supporting

Brother and sister Lee Sang-Ok and Lee Young-Ok

발터 벤야민의 아우라
Walter Benjamin's Aura

기술복제 시대에도 여전하여라

형형한 눈빛

It remains relevant even in the age of mechanical reproduction

A piercing gaze

사르트르의 안티 길고양이
Sartre's Anti-stray Cat

실존은 본질을 앞선다

Existence predates its essence

샐러드 볼 이론
Salad Bowl Theory

다니엘 헤니의
하인스 워드의 버락 오바마의
눈빛도 보인다

Daniel Henney's,
Hines Ward's, Barack Obama's
Eyes are also visible

이중섭 '1952 마사코'
Lee Jung-seop '1952 Masako'

남쪽에서 온 덕이 있는 여인은

송환선을 타고 현해탄을 건너갔다

A virtuous woman from the south

Crossed the Korea Strait by a repatriation ship

패역한 세대여
Oh Rebellious Generation

길고양이만 한 믿음이라도 있으면
산을 들어 바다에 던지리라

If you had as much faith as a stray cat
You would lift a mountain and throw it into the sea

조병화 '의자'
Jo Byeong-hwa 'Chair'

묵은 의자를 비워 드릴 시간
아침을 몰고 오는 분들을 위해

먼 옛날의 어느 분처럼

Time to empty the old chair
For those who make the morning come

Like someone from long time ago

이방인
Gentile

이스라엘의 식탁에서
떨어지는 부스러기라도 먹을 수 있기를!

May you be able to eat even the crumbs that fall
From the table of Israel!

제2부

호모 스마트포니쿠스, 베트남

Homo Smartphonicus, Vietnam

구룡대학교 연구실이 있는 풍경
Scenery of Professor's Office in Cuu Long University

형이상학적 탐구를 하라는 듯

머리에는 하늘로 가득하다

Like a command to do metaphysical research,

Above my head is full of sky

가족이라는 말
The Word 'Family'

누가 우주를 두 음절로 축약해

생명의 비밀문을 반쯤 열어 누설한다

Someone abbreviates the universe into two syllables,

Revealing the secret door to life half-open

칼뱅의 예정론
Calvin's Doctrine of Predestination

지구별로 오기 전 먼 머언 어느 봄날
밤의 '따이 학 꾸롱'을 꿈꾸듯 보며
씬 짜오, 씬 짜오라고 중얼거렸지 아마

One spring day, long before I came to the planet Earth,
Looking dreamily at 'Cuu Long University' at night, I probably muttered 'Hello, hello'

다시 아포리아
Aporia Again

신도 때로 눈감아 주는

횡단보도도 없이 가로지르는

불법 통행도 있다

Sometimes, even God turns a blind eyes to

Illegal crossing

without a crosswalk

두 사람에 관한 오마주
Homage to Two People

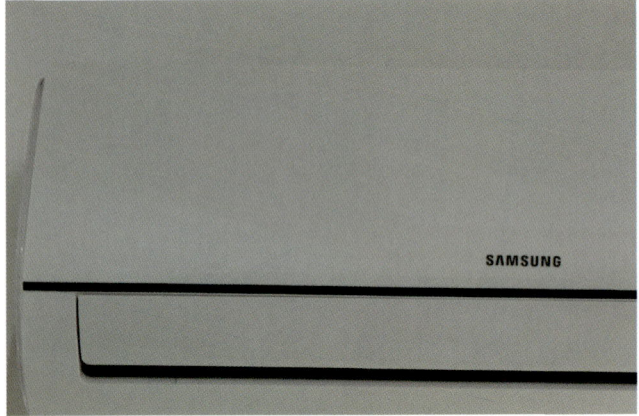

베트남 짜빈 변두리 호텔에 누워
별 하나 별 둘 별 셋을 헤는 밤

Lying in a hotel on the outskirts of Tra Vinh, Vietnam
A night counting one star, two star, three star

무릉도원도_ 메콩대 게스트룸 8호
Utopian Painting_ Guest Room No. 8 in Mekong University

천재화가 현재도

못 그린 별 천지

사시사철 별꽃이

붉게 피고 또 피는

A utopia

That a genius painter Hyeonjae couldn't draw

Star flowers in all seasons,

Bloom red again and again

메콩델타 빈롱
Mekong Delta Vinh Long

'ㄴ' 하고 'ㄹ' 하고 'ㅇ' 하는 울림소리 빈롱
하늘과 메콩강을 경계로 유장하게 흐르는

Vinh Long pronounced with voiced sounds 'ㄴ', 'ㄹ', 'ㅇ'
Flowing gracefully between the sky and the Mekong River

미네르바의 부엉이
Owl of Athena

하루가 저문 저녁

외눈이든 두 눈이든 불을 켜고

고요한 숲을 날아오른다

The evening at the end of the day

Whether with one eye or two eyes, turn on the light

Soaring through the quiet forest

베트남 구룡대 게스트룸에서
In the Guest Room of Cuu Long University in Vietnam

우렁각시였나 했다

십육 년 전부터는 꿈에만 가끔 보이시던

그 천사였다

I thought you were the snail bride

You were the angel

Who had occasionally appeared in my dreams since 16 years ago

베트남 메콩대 신축강당에서
At the New Auditorium of Mekong University in Vietnam

광화문을 배경으로
K-Pop 떼창이 울려퍼지고
나 혼자 고개를 갸웃거리고

With Gwanghwamun in the background
K-Pop songs echoed through the air
It's like I'm the only one who can't understand it

베트남 쌀국수
Vietnamese Rice Noodles

100여 년 전 남딘 방직공장 노동자처럼

진한 국물 후루룩

뜨거운 생 후루룩

Like the Nam Dinh textile factory workers 100 years ago

Slurp the rich soup

Slurp hot life

별유천지
The Utopia

지구별에 잠시 불시착한 유성
베트남 남유 인근 이름 모를 섬이었는지 몰라

A meteor that made an emergency landing on Earth
It might have been an unnamed island near Nam Du in Vietnam

별이 빛나는 밤
The Starry Night

호찌민 한인타운 푸미흥,
고흐는 잠시 길을 잃었다

Ho Chi Minh Koreatown, Phu My Hung,
Gogh was lost for a moment

빈 살만 황세자가 부러우랴
Even Crown Prince Mohammed bin Salman Might be Envious

천군천사들이 휘장을 두른

신성한 잠

Holy sleep

Surrounded by thousands of soldiers and angels

빈롱 'Cafe 1995'
Vinh Long 'Cafe 1995'

전후 베이비 부머의
유년 그 골목
키가 자라 왁자한 어느 봄날의 환청

The childhood alley
Of the post-war baby boomer generation,
Hallucination of one bustling spring day as growing taller

빈롱의 석양
Sunset in Vinh Long

곧 소멸을 전제로

가장 아름다운 순간을 견뎌내고 있다, 나는

Assuming immediate extinction

Enduring the most beautiful moment, I am

슬리핑 버스 FUTA 안에서
Inside the Sleeping Bus FUTA

꼭 관 하나 크기
일층 이층 빽빽히 누운 주검들
간간히 부스럭거리는 소리

The size of a single coffin,

Bodies laid closely on the first and second floors,

Occasionally there's a rustling sound

쌍벽
Two Towering Figures

김창열의 물방울은 알겠는데

후경 수채화는 김춘수가 말한 무의미?

I understand Kim Chang-yeol's 'Water Drops',

But is the background watercolor a meaningless poem theorized by Kim Chun-Soo?

에덴의 동쪽
East of Eden

오늘이 어제를 밀어내고 또 내일로
역사의 부유물 둥둥 떠 흐르는 메콩강

Today pushes away yesterday and moves on to tomorrow
As Mekong River flows, carrying the flotsam of history

자전거가 있는 풍경
Landscape with Bicycle

카페도 아니고 책 이름도 아닌,
아침의 문을 활짝 열고
너에게로 달려가고 싶은

It's not a cafe or a book name,
I want to open the morning door wide
And run to you

쭉믕
Congratulation

축하해요라는 베트남어

Chúc mừng

지상에서 가장 아름답게 피어나는

붉고 노란 언어

The Vietnamese for Congratulations

Chúc mừng

The most beautiful blooming flower on earth,

Red and yellow language

참회록
Confessions

짐승 한 마리 컹컹 짖는

황폐한 땅의 소리를 들으시라

The beast barks fiercely

Listen to the sound of the desolate land

초현실주의
Surrealism

껌딱지 오토바이가 달리는

하늘과 빌딩의 오브제

The objects of the sky and buildings

That stick to you like gum and ride on a motorcycle

퍼포먼스
Performance

몸 하나로 담아내기는

너무 뜨거워라 생이여

To contain in just one body

Life is too hot

호찌민 상공에서 읽는 '건축학개론'
Reading 'Architecture 101' Above Ho Chi Minh City

승민이 지은 제주 바닷가 집

카페 '서연의 집'

하나면서 둘, 둘이면서 하나

A house built by Seungmin on the Jeju beach,

Cafe 'Seoyeon's House'

One yet two, two yet one

카뮈 혹은 뫼르소
Camus or Meursault

홍콩서 보고 사이공에서 다시,

농라까지 벗은

햇살은 두 눈을 찌른다

Seen in Hong Kong and again in Saigon,

Stripped to Non La,

The sunlight pierces two eyes.

보들레르의 꽃
Baudelaire's Flower

금단의 비밀정원에서 훔쳐온

밀봉의 연서 같은

Stolen from the forbidden secret garden

Like a sealed love letter

위버멘쉬
Ubermensch

능금나무에 부딪혀 떨어진

참새 왈,

"어찌하여 저 대붕은 겁도 없이 구만리나 솟구쳐 남쪽으로 가는 것일까?"

Fallen after striking an apple tree,

The sparrow wonders

"Why does that Dapeng soar fearlessly for thousands of miles towards the south?"

입체주의
Cubism

마스크로 살포시 가린

이국 소녀의 볼우물과

아비뇽 처녀의 샤넬 원피스

Gently covered by a mask,

With the dimples of an exotic girl,

The Chanel dress of 'Les Demoiselles d'Avignon'

호찌민시립미술관에서
At the Ho Chi Minh City Museum of Art

피카소의 제8 뮤즈였을 법한,
'아비뇽의 처녀들' 그 이후

After 'Les Demoiselles d'Avignon',
Which may have been Picasso's 8th muse

| 해설 |

상호텍스트성 그리고 침묵의 미학

— 이상옥 디카시집 『에덴의 동쪽』 읽기

오민석(문학평론가 · 단국대학교 명예교수)

I.

디카시의 창시자로 널리 알려진 이상옥 시인이 네 번째 디카시집을 낸다. 최초의 디카시집 『고성 가도』(2004)를 낸 지 20년 만이다. 그간 디카시는 누구나 놀랄 만큼 큰 성장을 하였다. 일간지 신춘문예를 위시하여 전국에 걸친 각종 공모전들이 점점 더 늘고 있으며, 해외에서도 디카시 선풍이 일어나고 있고, 많은 시 전문 문예지들이 디카시에 많은 지면을 할애하고 있다. 그런가 하면 시인들도 줄지어 디카시집들을 출판하고 있고, 디카시에 관한 학술논문과 학위논문들도 연이어 나오고 있다. 최근에는 문화관광부 주관 부서에서 '디카시 창작지도사(1급-4급)' 자격증(한국디카시인협회 발행)을 법적으로 공인하기에 이르렀다. 디카시가 이렇게 외연을 넓혀온 만큼이나 그간 수많은 세미나와 토론회 등을 통하여 디카시에 관한 이론적 논의도 활발하게 이어져 왔다. 이런 발전의 기반 위에서, 그것도 디카시 창시 20주년을 맞이하여 디카시 창시자의 네 번째 디카시집이 나오니 세간의 주목이 쏠리지 않을 수 없다.

이상옥의 이번 디카시집은 그간의 창작·이론적 성과 위에서 디카시의 새로운 전범을 보여준다는 점에서 더욱 주목할 만하다. 디카시는 "순간 포착, 순간 언술, 순간 소통의 극 순간 멀티언어 예술"(이상옥)인만큼 사진 기호와 문자 기호의 특수한 조합과 촌철살인의 상상력이 필요한 독특한 장르이다. 디카시는 특히 순간 언술을 강조하면서 분량을 5행 이내로 제한하고 있는데, 이것은 공간을 제약하기는커녕 순간 상상력의 극대화된 표현을 유도한다. 이상옥은 이번 시집에서 두어 편의 4행으로 이루어진 작품을 제외하고 모두 1행에서 3행으로 이루어진 짧은 디카시로 일관함으로써 디카시의 '극 순간성'을 몸소 실천해 보인다. 그는 디카시의 문법이 허락한 5행의 분량을 이 시집에서 단 한 번도 모두 사용한 적이 없다. 한마디로 말해 디카시엔 '5행도 많다'는 것이다. 그렇다면, '가능한 한 작은' 공간에서 그의 디카시는 어떻게 '가능한 한 많은' 의미들을 담아낼까.

그가 이번에 보여준 첫 번째 전략은 '상호텍스트성 intertextuality' 기술의 활용이다. '하늘 아래 새로운 것이 없다'라는 말이 사실이라면, 지상의 모든 예술은 이미 '레디메이드 아트 ready-made'이다. 예술이 기존의 어떤 것의 가공이라면, 모든 예술은 이미 상호텍스트적이다. 줄리아 크리스테바J. Kristeva는 상호텍스트성을 다음과 같이 정의한다. 상호텍스트성은 "인용들의 모자이크이다. 모든 텍스트는 다른 텍스트의 흡수이고 변형이다. 상호텍스트성의 개념은 상호주관성의 개념을 대체하며, 시적인 언어는 적어도 이중으로 읽힌다." 이상옥은 디카시의 좁은 공간에 이미 풍성한 의미로 가득한 타자의 텍스트를 끌어들여 자기 텍스트의 의미를 순식간에 증폭한다.

기술 복제 시대에도 여전하여라
형형한 눈빛

―「발터 벤야민의 아우라」 전문

발터 벤야민W. Benjamin이 「기계 복제 시대의 예술 작품」(1935)라는 제목의 에세이를 통하여 이론화한 '아우라aura'란 개념은 자본주의적 복제 기술이 발전하기 이전의 예술 작품이 그 유일무이성uniqueness으로 인해 가지고 있었던 신비하고도 주술적이며 종교적인 분위기를 일컫는다. 기계 복제 시대 이전의 예술 작품은, 세상 어느 곳에서도 찾아볼 수 없는, 오로지 그것만이 가지고 있는 아우라 때문에, 마치 종교적 성상처럼 숭배의 대상이었다. 위대한 음악은 복제품이 없으므로 한정된 시간에 일회적으로 연주 현장에서만 감상할 수 있었으며, 미술 작품 역시 그것이 보존되어 있는 곳을 직접 찾아가지 않는 한 '알현' 자체가 불가능했다. 그러나 자본주의 시대에 들어와 복제 기술이 발전하면서 예술 작품들은 공장의 통조림처럼 무수한 짝퉁으로 복제되었고 덕분에 그 이전에 가지고 있던 종교적 아우라를 상실하게 되었다.

위 작품은 "발터 벤야민의 아우라"라는 제목만으로 아우라와 관련된 이 모든 의미들을 (아무런 설명의 필요도 없이) 한꺼번에 작품 안으로 끌고 들어간다. 시인이 아우라의 개념으로 표현하려고 한 것은 바로 폐가에 가까운 공간 속의 길고양이의 눈이다. 온 세계가 베낀 것으로 가득함에도, 저 고양이의 눈은 우주에서 유일무이한 것이다. 폐가의 우중충한 환경이 저 신비하고도 "형형한" 아름다움을 주눅 들게 하지 못한다. 디카시는 장르 자체가 이미 상호텍스트성을 전제로 하고 있다. 디카시의 사진 기호와 문자 기호는 어느 한쪽이 없이는 존립 자체가 불가능하며, 쌍방의 화학 반응을 통해서만 '디카시'로 존재하게 되므로, 디카시는 뼛속 깊이 상호텍스트적인 장르이다. 이상옥은 디카시의 존재론적인 상호텍스트성 위에 다른 텍스트를 또 한 번 끌어들임으로써 디카시의 상호텍스트성을 두 배, 세 배로 확대한다. 이런 전략은 5행 이내라는 디카시의 한정된 공간에서 의미론적 풍요를 생산하는 매우 유효한 전략이 아닐 수 없다.

지상에서 영원으로 몸을 던져
재코드화한 것일까? 그는

―「들뢰즈의 '탈영토화'」 전문

　들뢰즈G. Deleuze의 '탈영토화deterritorialization'란 '영토화 territorialization'의 반대 개념이다. 이 개념은 철학사적으로 매우 복잡한 의미를 가지고 있지만, 일반 독자들을 위하여 간단히 이야기하면 다음과 같은 것이다. 영토화란 말 그대로 어떤 대상을 틀 안에 가두고 규정하며 범주화하는 것을 말한다. 영토화는 욕망을 특정한 개념 안에 가둠으로써 시스템이 수월히 가동되도록 만든다. 이런 점에서 들뢰즈는 영토화를 자본주의가 욕망을 제어하는 방식에 비유하기도 한다. 탈영토화란 이와 반대로 영토화된 범주와 규범을 해체함으로써 욕망과 의미의 해방구를 만드는 것이다. 탈영토화 전략에 의해 모든 견고한 것들은 언제든 무너져 내릴 수 있으며, 모든 규범과 권위는 언제든 도전을 받을 수 있다. 그러나 이렇게 탈영토화된 대상은 언제든 다시 영토화(재영토화reterritorialization)될 수 있다. 사상적 유목민들은 이렇게 재영토화된 '고원高原'을 끊임없이 다시 떠난다. 이렇게 어느 곳에도 정주하지 않고 끊임없이 의심하며 해체(탈영토화)하는 것이야말로 '유목민적 사유'의 특

징이다.

위 작품은 "들뢰즈의 '탈영토화'"라는 제목을 붙임으로써 작품 속으로 (현대 철학의 대표 주자 중의 한 사람인) 들뢰즈 사상의 풍성한 창고를 한꺼번에 끌고 들어온다. 이것이야말로 철학적 '레디메이드' 기술이 아니고 무엇인가. 마르셀 뒤샹M. Duchamp이 남성용 소변기나 자전거 바퀴와 같은 '기성품(레디메이드)'을 순식간에 예술 작품으로 변모시키듯이, 이상옥은 들뢰즈의 탈영토화라는 '기성 사상'을 순식간에 디카시로 바꾸어 버린다. 들뢰즈의 이 개념은 의자에서 뛰어내리는 사진 속의 고양이와 마주치면서 "지상에서 영원으로 몸을 던"진다는 새로운 의미를 갖게 된다. 역으로 사진 속의 고양이는 들뢰즈의 유목민적 주체로 바뀌면서 탈영토화뿐만 아니라 재영토화("재코드화")까지 사유하는 철학적 주체가 된다.

II.

이 시집엔 이렇게 상호텍스트성을 활용한 작품들이 많다. 거의 절반은 이런 작품이라고 보아도 된다. 이외에도 이 시집에서 이상옥이 동원하고 있는 또 하나의 중요한 기법이 있다. 그것은 생략과 함축을 통해 여백을 확보하는 기술이다. 디카시의 문자 기호는 5행 이내로 한정되어 있지만, 이상옥은 그와 같은 제한성에 위축되지 않는다. 위축되기는커녕 그는 오히려 허용된 것보다도 더 적극적으로 말수를 줄임으로써 더욱 많은 말을 한다. '침묵의 웅변'이라고나 할까. 그는 말을 아낌으로써 더 큰 여백을 만들고 그 여백이 더욱 많은 의미를 생산하도록 열어 놓는다. 이런 방식은 "순간 포착"한 사진 기호에 "순간 언술"을 첨부하여 "순간 소통"을 노리는 디카시의 문법에 매우 최적화된 것이다. 눈빛만으로도 더 많은 이야기가 가능하다면, 굳이 말을 많이 하려고 애쓸 필요가 없지 않은가.

100여 년 전 남딘 방직공장 노동자처럼
진한 국물 후루룩
뜨거운 생 후루룩

―「베트남 쌀국수」 전문

이 작품은 우선 더 이상 간소할 수 없이 소박한 베트남 쌀국수의 사진이 눈길을 끈다. 미니멀리즘의 극단이라 할 이미지에 시인은 100여 년 전에도 이 음식을 먹었을 베트남 남딘 지역의 "방직공장 노동자"를 끌어들인다. 화자가 하는 일은 그저 "진한 국물"을 "후루룩" 마시면서, 그 노동자들의 "뜨거운 생"을 반추하는 것. 화자는 아마도 베트남 쌀국수를 먹는 노동자의 삶에 자신의 삶을 중첩하면서 "뜨거운 생"의 의미를 되물었을 것이다. 이 시는 그저 이런 '즉 순간'의 서사를 단 세 줄에 언

급했을 뿐, 가타부타 아무런 설명을 하지 않는다. 이 시의 수많은 의미소가 팝콘을 튀기듯 계속 쏟아져 나오는 것은 바로 이 침묵의 공간, 그로 인한 여백에서이다. 하이쿠의 변별적 자질이 여백의 미학에 있다면, 디지털 시대의 새로운 장르인 디카시도 침묵의 미학을 중시한다. 하이쿠와 달리 디카시의 침묵은 디지털 사진 기호와 함께 지각의 화학 반응을 일으킨다는 점에서 다르다.

짐승 한 마리 컹컹 짖는
황폐한 땅의 소리를 들으시라

—「참회록」 전문

도대체 이 작품 속의 "짐승"은 무엇일까? 그것은 계시록에나 등장하는 열 개의 뿔과 일곱 개의 머리를 가진 괴물일까? "황폐한 땅"에선 도대체 무슨 일이 있었을까? "컹컹 짖는" 짐승은 무어라 저주 어린 예견의 말을 하는 걸까? "참회록"의 주체는 시인인가 아니면 "짐승"인가? 그는 무엇을, 왜, 반성하고

후회할까. 이것은 유적 존재로서의 인류의 이야기인가, 아니면 개인이나 가족의 서사인가. 이 작품은 사진 기호와 단 두 행의 문자 기호로 이런 무수한 질문들을 불러일으킨다. 그러나 작품 어디에도 이에 대한 대답은 없다. 시인은 침묵으로 일관하여 더욱 많은 질문들을 유발한다. 침묵이야말로 이 작품의 전략이다. 이 작품에서 '시적인 것the poetic'은 부재하는 대답의 주위를 에워싸고 돈다.

천군천사들이 휘장을 두른
신성한 잠

―「빈 살만 황세자가 부러우랴」 전문

이 작품에서 "빈 살만"이 누구인지는 중요하지 않다. 그는 그저 어떤 황태자의 이름일 뿐, 독자들은 사진 속의 잠든 사내, 그 사내의 잠의 깊이에만 주목하면 된다. 한눈에 보기에도 이 사내의 삶은 "황태자"의 그것과는 비교도 안 되는 초라한 삶이다. 그는 허드레 공사장에서 막일하는 노동자이다. 일하는 틈을 이용하여 그는 침대도 아닌 땅바닥에서 아무런 침구조차

없이 잠들어 있다. 그의 잠자리를 에워싸고 있는 것은 옹색한 베란다와 자잘한 건축 도구들뿐. 그를 깊이 잠들게 한 것은 그의 고된 노동과 피로이다. 그럼에도 시인은 그의 잠을 "신성한 잠"이라 부른다. "신성"은 초월적, 종교적 기의를 가진 기표이다. 그것을 강조하기 위해 시인은 "천군천사"라는 기표도 끌어들인다. 천군천사는 천사들로 이루어진 하늘의 군대이다. 이 볼품없는 일꾼을 그들이 에워싸고 있다니. 시인은 세속의 주체에 초월적이고도 종교적인 기표를 붙임으로써 시적 모호성을 증대시키고 의미를 중층화中層化한다. 시인은 단 두 행의 문자 기호로 세속과 천상의 의미에 대한 철학적, 신학적 질문을 던지고 있다. 그리고 그것에 대한 모든 논쟁과 답변은 침묵의 공간에 남겨진다. 왜 이 가난한 일꾼은 "황세자"가 부럽지 않은 것일까. 사람들 사이에 '부러움'의 합당한 기준은 무엇인가? 세속과 천상의 삶은 어떻게 다르며, 그것들은 어떤 관계 속에 있는가? 대답은 사진 기호와 문자 기호 사이의 침묵 속에 있다. 침묵이 의미의 전압을 높힌다.

III.

훌륭한 디카시의 관건은 크게 두 가지이다. 하나는 사진 기호와 문자 기호 사이에 지각의 화학 반응을 극대화하는 것이다. 물과 카바이트가 만나 격렬한 반응을 일으키며 새로운 물체(아세틸렌 가스)를 만들어 내는 것처럼, 디카시에서 사진과 문자는 각기 따로는 도저히 이루지 못할 미적 반응을 불러일으켜야 한다. 디카시는 문자가 사진에 혹은 사진이 문자에 종속되는 것을 용납하지 않는다. 그것은 마치 마틴 부버M. Buber

의 '나-너Ich-Tho'처럼 분리 불가능한 하나이다. 그것은 타자를 전유하지 않으며, 규정하지 않고, 범주화하지 않는다. 타자의 주체성을 열어 놓고 서로 몸을 섞을 때, 창의적 새 주체가 생겨난다. 훌륭한 디카시의 또 다른 관건은 제한된 공간에서 의미론적 풍요를 생산하는 것이다. 이것은 20세기 초반 미국에서 일어났던 이미지즘 시 운동이나 일본의 하이쿠의 경우에도 마찬가지였다. 디카시나 이미지즘 시, 그리고 하이쿠는 모두 경제성의 원리를 중시한다. '경제성'이란 최소한의 인풋in-put으로 최대한의 아웃풋out-put을 만들어 내는 것이다. 하이쿠는 5·7·5의 음수율을 지닌 열일곱 글자 안에 인간과 세계와 우주를 담아내야 한다. 이미지즘 시는 분량의 제한은 없지만 이미지를 활용하여 말을 최대한 아끼는 것을 목표로 한다. 디카시는 사진 기호와 5행 이내의 문자 기호를 박치기시켜 디지털 시대의 새로운 경제-미학을 추구한다. 디카시가 제한된 공간 안에서 의미의 전압을 올리는 방법은 여러 가지가 있다. 사진을 환유적으로 설명하지 않고 원관념에서 멀리 떨어져 은유하는 것도 그 중의 한 방법이다.

하루가 저문 저녁

외눈이든 두 눈이든 불을 켜고
고요한 숲을 날아오른다

―「미네르바의 부엉이」 전문

  시인은 평범하기 그지없는 도시의 불빛을 부엉이의 눈이라고 은유한다. 그것도 "미네르바의 부엉이"라니. "미네르바의 부엉이는 황혼녘에야 날아오른다"는 헤겔의 말에서 "미네르바"는 지혜(철학)의 상징이고 "황혼녘"은 과정이 다 지나가고 조건이 충분히 성숙된 시간을 의미한다. 헤겔은 『법철학』에서 "황혼녘"을 "해가 지는 시간, 세상의 온도가 가라앉은 시간"이라고 하였다. 위 작품은 앞에서 상호텍스트성의 예로 인용했던 텍스트들과 마찬가지로 사진의 일회적 은유에 머물지 않고, 상호텍스트성을 통해 다시 은유함으로써 의미망을 두 배로 확장한다. 그리하여 이 디카시에선 두 개의 지혜가 양립한다. 헤겔 철학이 이야기하는 지혜와 문명의 밤이 만들어 내는 지혜. 이것들은 어떻게 유사하고 어떻게 다른가. 부엉이의 생물학적 눈과 밤거리의 기계적 눈은 서로를 바라보며 무슨 지혜를 궁구할까. 지혜는 "외눈"일까, 아니면 겹눈("두 눈")일까. 시인은 왜 휘황찬란한 도시의 밤을 "고요한 숲"이라고 했을까. 밤의 껍데기를 지운 자리에 드러나는 '고요한 진리'를 읽으라는 것일까. 평범한 사진 한 장과 불과 3행의 문자 기호가 만들어 낸 디카시는 이렇게 넓고 깊은 질문들을 불러 일으킨다. 공간의 크기와 깊이를 만드는 것은 글자 수가 아니라 수사 rhetoric이다.

지구별로 오기 전 먼 머언 어느 봄날
밤의 '따이 학 꾸롱'을 꿈꾸듯 보며
씬 짜오, 씬 짜오라고 중얼거렸지 아마

—「칼뱅의 예정론」 전문

 대상에 대한 애정이 없이 대상은 예술로 포섭되지 않는다. '낯설게 하기defamiliarization'를 예술의 가장 중요한 속성으로 설명한 빅토르 쉬클로프스키V. Shklovsky는 예술을 "대상에 부여된 인위성을 경험하는 것"이라고 하였다. 여기에서 "대상에 부여된 인위성"이란 대상에 부여된, 혹은 대상을 가공하는 인위적인 기법이나 장치를 말한다. 대상에 대한 깊은 애정과 집중이 없이 (대상에) 예술적 인위성은 절대 부여되지 않는다. 위 작품은 정말이지 일상적인 대상에 대해서도 이상옥 시인이 얼마나 깊은 애정을 가지고 있는지를 잘 보여준다. "따이 학 꾸롱"은 '꾸롱대학교'인데, 현재 이상옥 시인이 교수로 학생들에게 한국어를 가르치고 있는 메콩대학교를 지칭하는 이름이다. 사진은 그 대학 캠퍼스의 밤 풍경이다. 베트남어로 "꾸롱"은 '구룡九龍'을 의미하며, 이 대학 옆을 흐르는 메콩강은 중국에서 베트남으로 넘어 들어올 때 아홉 마리 용처럼 아홉 갈래로 굽이굽이 흐른다고 한다. 이런 맥락에서 '꾸롱대학교'와 '메콩대학교'는 같은 대학을 부르는 두 개의 이름이다. 그는 한국의 창신대에서 은퇴한 후(현재 명예교수)에 메콩대학교에서 교수로 근무하는 일을 "칼뱅의 예정론"을 빌어 창세 전부터 예정된 일이라 부르고 있다. 도대체 "지구별로 오기 전" "어느 봄날"에 그가 한국말도 아닌 베트남어로 이 대학을 꿈꾸며 "씬 짜오, 씬 짜오"(영어로 "Hello, hello")라고 중얼거렸다니, 세계에 대하여 누가 이런 애정을 가질 수 있을까.

상호텍스트성과 침묵의 미학을 통하여 디카시의 실험성을 극대화하고 있는 이상옥의 창작 비밀은 대상에 대한 이와 같은 극진한 집중과 애정에 있다. 그에게 세계는 경이 자체이다. 그는 마치 처음 본 것처럼 세계를 대하고 어린아이처럼 감동한다. 그는 그가 아는 모든 지식과 지혜를 동원하여 세계를 은유하고 세계가 가지고 있는 본래적 풍요를 살려내고자 한다. 세계의 '본래적 풍요'는 습관화된 지각으론 감지하지도 표현하지도 못한다. 이상옥은 습관화와 자동화가 죽인 세계의 신비를 마치 처음인 것처럼 낯설게 살려낸다. 그의 디카시 안에서 세계는 늘 경이롭고 신선하며 풍요롭다. 디카시에게 경의를! 디카시의 원인이자 결과인 세계에게 경의를!